Honremos a nuestros héroes

héroes

Día de los Veteranos

Kelly Rodgers

Asesora

Caryn Williams, M.S.Ed.
Madison County Schools
Huntsville, AL

Créditos de imágenes: Portada y pág. 1 Ann E Parry/Alamy; pág. 7 (arriba) Bob Daemmrich/Alamy; pág. 27 (arriba) Disability Images/Alamy; pág. 4 (derecha) Image Source/Alamy; pág. 7 (abajo) Jeff Greenberg 4 de 6/Alamy; pág. 29 (abajo) Marjorie Kamys Cotera/Bob Daemmrich Photography/Alamy; págs. 6, 19, 32 Richard Ellis/Alamy; pág. 28 (arriba) Shaun Cunningham/Alamy; págs. 26–27 ZUMA Press, Inc./Alamy; págs. 24–25 Larry Downing/Reuters/Corbis; pág. 4 (izquierda) Jocelyn Augustino/FEMA; pág. 27 (abajo) Blend Images-Hill Street Studios/Brand X Pictures/Getty Images; pág. 17 Ira Gay Sealy/Denver Post/Getty Images; pág. 24 Jeff Fusco/Getty Images; pág. 12 (derecha) AFP/Newscom; págs. 22–23 (fondo) Terry Fincher/Express/Getty Images; págs. 20–21 Keystone/Getty Images; págs. 9, 11, 14 (todo el fondo) The Granger Collection, NYC; pág. 8 (arriba) DeA Picture Library/The Granger Collection, NYC; pág. 11 (arriba) Rue des Archives/The Granger Collection, NYC; pág. 29 (arriba) iStock; pág. 16 (derecha) LOC, LC-DIG-ppmsca-08440; pág. 15 (derecha) LOC, LC-USZ62-25600; pág. 9 (arriba) LOC, LC-USZ62-47272; págs. 8–9 (fondo) LOC, LC-USZ62-7456; pág. 20 (abajo) NASA; pág. 23 (arriba) Roll Call Photos/Newscom; contraportada, págs. 10 (izquierda y arriba), pág. 15 (izquierda), pág. 20 (izquierda) Wikimedia Commons; todas las demás imágenes pertenecen a Shutterstock.

Teacher Created Materials
5301 Oceanus Drive
Huntington Beach, CA 92649-1030
http://www.tcmpub.com
ISBN 978-1-4938-0592-1
© 2016 Teacher Created Materials, Inc.

Índice

Héroes estadounidenses

Los hombres y las mujeres de las fuerzas armadas de Estados Unidos desempeñan muchas funciones importantes. Las fuerzas armadas, o el ejército, nos protegen y defienden del peligro. Nos mantienen seguros.

Hay cinco ramas, o partes, de las Fuerzas Armadas de Estados Unidos. Estas son el ejército, la fuerza aérea, la marina, la guardia costera y el cuerpo de marines. Cada rama tiene tareas para hacer. El ejército está entrenado para las batallas en tierra. La fuerza aérea combate en el aire. La marina defiende nuestras aguas. La guardia costera protege las costas. El cuerpo de marines presta servicio en barcos y en la tierra.

Algunas personas prestan servicio a tiempo completo. Otras prestan servicio durante emergencias, como en el caso de huracanes o terremotos. Toda persona que ha prestado servicio en las fuerzas armadas se llama **veterano**.

Esta soldado le da a una mujer suministros después del huracán Sandy.

Las 5 ramas de las Fuerzas Armadas de Estados Unidos

Una vez al año, brindamos **tributo** a los veteranos de Estados Unidos. Se llama el Día de los Veteranos. En este día, honramos a todos los hombres y mujeres que han prestado servicio en las Fuerzas Armadas de Estados Unidos. Algunas personas creen que el Día de los Veteranos solamente es para honrar a aquellos que han muerto durante la guerra, pero no es así. Hay un día diferente para honrar a estas personas. Se llama el *Día de los Caídos*. Se celebra el último lunes de mayo de cada año.

El Día de los Veteranos es el 11 de noviembre. En este día, demostramos a los veteranos nuestro agradecimiento. Estamos agradecidos de que mantengan la seguridad de nuestro país. Les mostramos que estamos agradecidos por sus **sacrificios**. Expresamos nuestro agradecimiento por su servicio a nuestro país.

Los veteranos de la guerra de Vietnam honran a los veteranos que dieron sus vidas.

Sacrificios

Los sacrificios son cosas a las que renuncias para hacer algo o ayudar a alguien. Los veteranos hacen muchos sacrificios. Renuncian a ver a sus familiares y amigos. A veces, incluso renuncian a sus propias vidas.

Esta niña sostiene un cartel para agradecer a los soldados durante un desfile en el Día de los Veteranos.

Estas Niñas Exploradoras hablan con un veterano en el Día de los Veteranos.

Día del Armisticio

El primer Día de los Veteranos se celebró en 1954. Pero el 11 de noviembre ya era un día especial antes de ese año. Ese día solía llamarse el Día del **Armisticio**. En este día, se celebraba el fin de la Primera Guerra Mundial. Las personas de todo el mundo celebraban este día.

La Primera Guerra Mundial fue una guerra importante. Muchas de las naciones del mundo lucharon entre sí. Muchas personas quedaron heridas y murieron en esta guerra. Es por ello que se solía llamar *la Gran Guerra*. La lucha duró cinco largos años.

En 1918, se pidió un armisticio. Este es un acuerdo para dejar de combatir. Les dio a los líderes la posibilidad de hablar sobre cómo poner fin a la guerra. Acordaron finalizar la guerra el 11 de noviembre.

Las tropas estadounidenses combatieron en Francia durante la Primera Guerra Mundial.

Los líderes del mundo firmaron un tratado para terminar la guerra oficialmente en 1919.

Once

En 1918, los líderes de la Primera Guerra Mundial acordaron poner fin al combate a las 11:00 a. m. del 11 de noviembre. Es decir, a la onceava hora, del onceavo día, del onceavo mes.

La Primera Guerra Mundial había terminado. Las personas de todo el mundo se sintieron aliviadas. Fue la peor guerra que el mundo había presenciado. Las personas no querían olvidar este día. Querían honrar los sacrificios que tantos habían hecho. Gran Bretaña y Francia llamaron al 11 de noviembre el *Día del Recuerdo*.

En Gran Bretaña, las personas comenzaron a usar amapolas rojas en el Día del Recuerdo. Esta tradición comenzó debido a John McCrae. Fue un médico que combatió en la Primera Guerra Mundial. Cuidaba a los heridos. Escribió un poema llamado "En los campos de Flandes". El poema trata sobre la gran cantidad de amapolas que crecían encima de las tumbas de los soldados muertos. Estas flores son un símbolo. Representan el sacrificio y la esperanza. En Francia, las personas usaban acianos azules. Al igual que las amapolas rojas, estas flores habían sobrevivido a la guerra. Florecían en los campos de batalla.

John McCrae

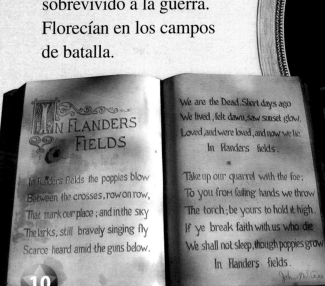

IN FLANDERS FIELDS

In Flanders fields the poppies blow
Between the crosses, row on row,
That mark our place; and in the sky
The larks, still bravely singing fly
Scarce heard amid the guns below.

We are the Dead. Short days ago
We lived, felt dawn, saw sunset glow,
Loved, and were loved, and now we lie
In Flanders fields.

Take up our quarrel with the foe:
To you from failing hands we throw
The torch; be yours to hold it high.
If ye break faith with us who die
We shall not sleep, though poppies grow
In Flanders fields.

Tropas alemanas marchan a través de Flandes, Bélgica, durante la Primera Guerra Mundial.

Las personas celebran el Día del Recuerdo en París, Francia, en 1952.

En Estados Unidos, había desfiles. Los líderes daban discursos. Hablaban sobre los sacrificios hechos por aquellos que habían peleado en la guerra. Se pidió a los trabajadores que dejaran de trabajar para honrar a estos héroes.

En 1921, Estados Unidos construyó una **tumba** especial. La tumba honra a los soldados caídos de Estados Unidos. Está ubicada en el Cementerio **Nacional** de Arlington en Virginia. La tumba mira hacia Washington D. C. Un soldado estadounidense desconocido de la Primera Guerra Mundial está enterrado en ella. Hoy en día, se conoce como la *Tumba del Soldado Desconocido*. Hacia el oeste de la tumba, hay tres tumbas más. En estas tumbas, hay soldados desconocidos de la Segunda Guerra Mundial, la guerra de Corea y la guerra de Vietnam. Las distintas tumbas nos ayudan a recordar a quienes hemos perdido. Nos recuerdan a las personas que dieron sus vidas por la seguridad de nuestro país.

El presidente Bill Clinton deposita una corona de flores en la Tumba del Soldado Desconocido.

ARLINGTON

SILENCE
AND
RESPECT

NATIONAL CEMETERY

Más sobre la tumba

La tumba está hecha con mármol blanco. Tiene tres figuras griegas que representan la *paz*, la *victoria* y el **valor**.

HERE RESTS IN
HONORED GLORY
AN AMERICAN
SOLDIER
KNOWN BUT TO GOD

Día de los Veteranos

Las personas solían decir que la Primera Guerra Mundial era "la guerra para poner fin a todas las guerras". Fue tan grave que esperaban que las personas quisieran evitar la guerra para siempre. Pero no fue así. No pasó mucho tiempo para que estallara otra guerra. La Segunda Guerra Mundial fue incluso peor que la Primera Guerra Mundial.

Estados Unidos entró a la Segunda Guerra Mundial después de que los japoneses atacaran Pearl Harbor en 1941.

El general Eisenhower habla con los soldados durante la Segunda Guerra Mundial.

Dwight D. Eisenhower

Raymond Weeks era un veterano. Había combatido en la Segunda Guerra Mundial. Quería cambiar el Día del Armisticio por el Día de los Veteranos. Sentía que se debía honrar a todos los veteranos. Quería que el Día de los Veteranos fuera un feriado nacional. Otros líderes pensaron que esta era una buena idea. ¡El presidente Dwight Eisenhower también estaba de acuerdo! También era veterano. En 1954, firmó un **proyecto de ley** que convirtió el Día de los Veteranos en un feriado nacional.

En 1968, algunos líderes estadounidenses querían hacer algunos cambios. Querían trasladar algunos feriados a los lunes. Les gustaba la idea de convertir los feriados en fines de semana de tres días. Esperaban que esto permitiera que los estadounidenses pudieran disfrutarlos. Entonces, los líderes trasladaron el Día de los Veteranos. Lo pasaron al último lunes de octubre.

Sin embargo, a muchos veteranos no les gustó el cambio. Decían que esto cambiaba el significado del feriado. Algunos estados no hicieron el cambio.

El presidente Gerald Ford estuvo de acuerdo con los veteranos. Entonces, cambió la ley. En 1975, el presidente Ford firmó un proyecto de ley para que el Día de los Veteranos regresara al 11 de noviembre.

marineros de la Marina de EE. UU.

el presidente Ford

Estas personas izan la bandera estadounidense en el Día de los Veteranos en 1975.

Los estadounidenses todavía honran el Día de los Veteranos. Cada 11 de noviembre, recordamos a aquellos que combatieron en guerras. El presidente deposita flores en la Tumba del Soldado Desconocido. Observamos desfiles y escuchamos discursos.

En algunas escuelas, no hay clases. En otras, hay eventos especiales para los estudiantes. Escuchan música. Hablan con los veteranos. Aprenden sobre las fuerzas armadas.

Es bueno celebrar el Día de los Veteranos. Y es importante recordar cuál es la finalidad del día. Es un día para agradecer a quienes han prestado servicio en las fuerzas armadas. Es un día para honrar sus sacrificios.

Estos estudiantes celebran en un desfile del Día de los Veteranos.

Cuerpo de marines de EE. UU.

La historia de un veterano

Muchos hombres y mujeres han prestado servicio en las fuerzas armadas. Sus sacrificios han ayudado a todos los estadounidenses. Sus historias se encuentran en muchos libros. Esta es una de ellas. Ayuda a explicar por qué estos hombres y mujeres merecen que los honren.

Joseph Maxwell Cleland nació en Georgia en 1942. Su familia lo llamaba Max. Ellos eran **patrióticos**. Esto significa que amaban su país. Incluso, algunos de ellos habían combatido en guerras.

Joseph Maxwell Cleland

El 22 de noviembre de 1963, el presidente John F. Kennedy fue asesinado. El mundo quedó atónito. Algunas personas estaban enojadas. Otras quedaron profundamente entristecidas. Max miró el **funeral** del Presidente por televisión. Ahí fue cuando decidió que quería ayudar a su país.

el presidente Kennedy

El funeral de un presidente

El 25 de noviembre de 1963, el presidente Kennedy fue sepultado en el Cementerio Nacional de Arlington. Millones de personas de todo el mundo miraron el funeral por televisión.

Max se unió al ejército. En ese momento, Estados Unidos estaba en guerra con Vietnam. Max se ofreció como voluntario para ir a la guerra en Vietnam. Se convirtió en líder del ejército. Pero en 1968, se produjo un accidente terrible.

Justo un mes antes de regresar a casa, Max fue enviado a su última **misión**. Max y dos de sus hombres volaron hacia la cima de una colina para configurar un radio. Esto permitiría que los soldados estadounidenses pudieran hablar entre sí desde diferentes lugares. Pero mientras estaba en la misión, Max fue gravemente herido. Perdió ambas piernas y la mano derecha.

Max solamente tenía 25 años. Regresó a casa. Con el tiempo, sanó sus heridas. Max sabía que debía tomar una decisión dura. Tenía la opción de no hacer nada o de hacer algo para ayudarse a sí mismo y a otros.

Medallas significativas

Max recibió dos medallas. Recibió la Estrella de Plata y la Medalla del Soldado por ser valiente en la batalla durante la guerra de Vietnam.

Max (derecha) durante la guerra de Vietnam

Soldados suben a bordo de un helicóptero durante la guerra de Vietnam.

Max eligió servir a su país desde el hogar. En Georgia, se convirtió en un líder. En 1977, el presidente Jimmy Carter le pidió a Max que ayudara a otros veteranos. Le pidió que dirigiera la Administración de Veteranos. Es un grupo que ayuda a los veteranos. Allí, Max estableció un programa especial. Este ayudó a los veteranos a acostumbrarse a la vida al regresar a su hogar luego de la guerra.

En 1996, Max fue elegido para participar en el **Senado** de Estados Unidos. Es un grupo que crea leyes para nuestro país. Representó a Georgia en la **capital** de la nación hasta 2002. En la actualidad, Max pasa el tiempo contando su historia a los demás. Max es un verdadero héroe estadounidense.

Max habla durante un cierre de campaña.

Barack y Michelle Obama caminan con Max por el Cementerio y Memorial Estadounidense de Normandía.

Miembros de las diferentes ramas del ejército participan en un desfile del Día de los Veteranos.

Honremos a nuestros héroes

Nuestras fuerzas armadas han sido llamadas para servir a nuestro país muchas veces. En cada ocasión, estos valientes hombres y mujeres han estado dispuestos a ayudar. Han combatido en muchas guerras. Han protegido personas en otros países. Han trasladado alimentos y suministros a países que los necesitaban. Han protegido a los estadounidenses en casa. Han ayudado durante emergencias.

Todos los años, honramos a estos hombres y mujeres. Algunos han prestado servicio en el pasado. Otros prestan servicio hoy en día. Todos merecen nuestro agradecimiento, pero no es necesario esperar hasta el Día de los Veteranos. Si ves veteranos, asegúrate de decirles lo agradecido que estás por su servicio.

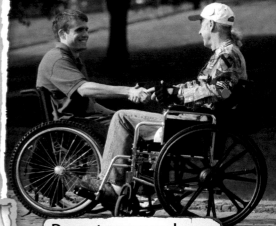

Dos veteranos se dan un apretón de manos.

Estos niños agradecen a un soldado.

¡Compártelo!

Una manera de honrar a los veteranos es compartir sus historias con los demás. Puedes aprender mucho de un veterano. Pídele a tu familia que te ayude a encontrar a un veterano. Pídele al veterano que comparta su historia contigo. Luego, comparte esa historia con tus familiares y amigos.

Una niña visita a un soldado.

Este Niño Explorador está feliz de mostrar sus insignias a un veterano.

Glosario

Armisticio: un acuerdo para dejar de combatir una guerra

capital: donde se encuentra ubicado el gobierno

funeral: una ceremonia que se realiza para una persona que murió

misión: una tarea o un deber importante

Nacional: relacionado con toda una nación o país

patrióticos: que tienen y demuestran amor y apoyo por su país

proyecto de ley: una descripción por escrito de una nueva ley

sacrificios: cosas a las que renuncias para hacer algo o ayudar a alguien

Senado: un grupo de personas que hacen leyes para el país

tributo: algo que dices, das o haces para demostrar respeto

tumba: un edificio o una cámara en la que se conserva el cuerpo de una persona muerta

valor: coraje o valentía

veterano: una persona que fue parte de las fuerzas armadas, especialmente en épocas de guerra

Índice analítico

¡Tu turno!

Tiempo para agradecer

Escribe algunas notas de agradecimiento a los veteranos. Diles cuánto valoras sus sacrificios. Escribe sobre cosas divertidas que puedes hacer gracias a que ellos ayudan a mantener seguro nuestro país. Puedes poner tus cartas en un sobre y enviarlas a la siguiente dirección.

A Million Thanks
17853 Santiago Blvd. #107–355
Villa Park, CA 92861